Возвращение Хулагу

(театральная пьеса)

Чтобы посмотреть театральную пьесу :
Возвращение Хулагу

Пожалуйста, используйте QR-код.

Доктор Султан бин Мухаммад аль-Касими

Возвращение Хулагу

(театральная пьеса)

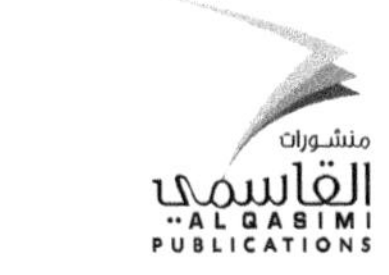

Издательство Алькасими 2021

Возвращение Хулагу
Доктор Султан бин Мухаммад аль-Касими
Первое русское издание, 2021

Издательство аль-Касими
Шарджа, ОАЭ

Перевод: Доктор Асим Альхалифа
Редакция: Куряев Юсеф Гаязович

Разрешение на печать: Национальный Совет по СМИ, Абу Даби, ОАЭ
Номер: МС-03-01- 4671527, Дата: 15-07-2021

Шарджа, ОАЭ
Возрастная классификация: Е
Возрастная группа, совпадающей с содержанием
книги, квалифицированной с возрастной классификацией,
изданной Национальный Совет по СМИ
ISBN: 978-9948-406-39-6

Публикация Аль-Касими
п/я: 64009 Шарджа, ОАЭ
тел: +971 6 509 0000 факс: +971 6 552 00 70
ЭП: info@aqp.ae

СОДЕРЖАНИЕ

Введение

Из моего прочтения истории арабов мне стало ясно, что все, что произошло в прошлом наблюдается и в настоящем. История прошлого повторяется.

Таким образом, я написал данную театральную пьесу с позиции этой прискорбной реальности. Все имена персонажей, места и действия в этой пьесе реальные. Каждая фраза в этом тексте ясно отражает все то, что происходит в арабском мире.

Доктор Султан бин Мухаммад аль-Касими

Возвращение Хулагу

Хулагу-Хан (1217-65) - основатель династии и государства Хулагуидов. Внук Чингисхана. В 1256 г. завершил завоевание монголами Персии, Ирака и сопредельных стран и провозгласил себя государем. Воевал с мамлюками и Золотой Ордой.

Театральные Персонажи

(по порядку выхода на сцену)

- Группа Совета халифа аль-Мустаасима
- Аль-Мустаасим (Халиф)
- Младший аль-Дувайдар (командующий армией)
- Министр Ибн аль-Альками
- Женские голоса
- Пристав (1)
- Группа молодежи
- Юноша
- Аль-Шараби (Глава королевского двора)
- Группа военных копьеносцев
- Хулагу
- Королевская рать
- Группа посланников

- Группа военнокомандующих
- Военнокомандующий
- Пристав (2)
- Рукнуддин Хуршах
- Группа посланников
- Стража Хулагу
- Стажник
- Командир Тотар
- Один из сотрудников Хулагу
- Голос
- Аль-Дартанки
- Абу аль-Аббас (сын аль-Мустаасима)
- Голоса
- Тайный голос
- Группы солдат монголов
- Хозяин двора
- Один солдат
- Молодой монгол
- Сановники
- Один из сановников

Первый Акт

Время действия: 653 год по хиджре, 1255 год по Григорианскому календарю.

Место действия: Гостинная халифа аль-Мустаасима в Багдаде. Рядом с ним его министр Ибн аль-Альками и главнокомандующий аль-Дувайдар аль-Сагир.

Аль-Мустаасим:

О главнокомандующий аль-Дувайдар! Какие новости о монголах?

Аль-Дувайдар:

О мой государь! В настоящее время монголы блокируют три мусульманские крепости в районе Тон, Теркшиз и Камли. Но, к сожалению, нет ни одного мусульманина для их поддержки.

Аль-Мустаасим:

А ты, наш министр, Ибн аль-Альками. Какие у тебя новости о монголах?

Ибн аль-Альками:

Мой государь! Говорят, что у монголов есть такой главнокомандующий по имени Хулагу. Он уже прибыл в район тех самых крепостей.

Входит камердинер с посланием и говорит:

О мой государь! Прибыло послание со стороны Хулагу.

Ибн аль-Альками взял послание, а аль-Мустаасим попросил зачитать её.

Аль-Мустаасим:

Ибн аль-Альками, прочитай послание.

Ибн аль-Альками читает послание.

Ибн аль-Альками:

Мой государь! Хулагу просит Вас послать дружину в помощь для участия в штурме блокируемых ими мусульманских крепостей.

Аль-Мустаасим:

А ты сам какого мнения на этот счет?

Ибн аль-Альками:

Мой государь, мое мнение состоит в том, что надо послать дружину для участия в уничтожении мусульманских крепостей.

Аль-Мустаасим:

Кстати, мое мнение такое же.

Аль-Дувайдар:

А я против посылки дружины для участия в этой войне.

Ибн аль-Альками говорит аль-Дувайдару.

Во-первых, эти люди отличаются от нас мировоззрением и направлением в религии;

Во-вторых, эти люди представляют опасность в нашем регионе. Разве вы не слышали о списках жертв этих людей? А почему мы должны упрекать монголов в блокировании этих крепостей?

Разве они не были источником терроризма в странах, покоренными монголами и угрозой безопасности для их земель и государей?

Аль-Дувайдар:

Я согласен с тобой, о Ибн аль-Альками! Но Хулагу не нужна эта помощь. Он очень хитрый, он хочет вывести вооруженные силы из Багдада для облегчения его оккупации своими войсками.

Аль-Мустаасим:

Аль-Дувайдар! А какое ваше мнение об этом?

Аль-Дувайдар:

Пошлите ему какие-нибудь подарки вместо солдат.

Аль-Дувайдар выходит, а на сцене остается аль-Мустаасим со своим министром.

Аль-Мустаасим:

О! мой министр! Напишите письмо Хулагу.

Ибн аль-Альками берет бумагу и перо, аль-Мустаасим пытается диктовать.

Аль-Мустаасим:

Пиши! Пиши!

Ибн аль-Альками:

О государь! Дайте я сам напишу это письмо.

Ибн аль-Альками начал вслух составлять письмо:

От Аббасидского халифа аль-Мустаасима Абдуллаха бин аль-Мустансира великому Хулагу.

Я прошу вашего прощения за то, что не выслал вам в помощь дружину солдат.

Аль-Мустаасим возмутился и крикнул на министра.

Аль-Мустаасим:

Я, Аббасидский халиф, я должен таким образом унижаться перед кяфиром (иноверец)?

Аль-Альками:

О мой государь! Это просто чернила на бумаге. Никто не будет читать это письмо. Тем более ал-Дувайдара нет с нами.

Аль-Мустаасим:

Хорошо! Хорошо! Ибн аль-Альками, продолжай писать.

Ибн аль-Альками закончил это письмо и отдал аль-Мустаасиму, который, проверив его содержание ещё раз, подписал.

Аль-Мустаасим подошел к своим сундукам с драгоценностями, покрытыми дорогими коврами, убрал с них эти ковры и стал открывать сундуки по очередности, чтобы выбрать подарки для Хулагу.

Аль-Мустаасим стал вынимать с каждого сундука по горсти бриллиантов разных сортов и ценности, и отдавать их Ибн аль-Альками. В один момент аль-Мустаасим, увидев, что отдал аль-Альками больше драгоценностей, чем он хо-

тел дать, вернул обратно какую-то часть этих бриллиантов.

Аль-Альками:

О Государь! У вас очень много бриллиантов! И все драгоценности, которые вы хотите подарить Хулагу, не уменьшат вашего богатства. Наоборот, они смогут уберечь вас от зла.

Аль-Мустаасим:

Эти бриллианты - гарантия стабильности Халифата.

Ибн аль-Альками забирает послание, драгоценности и уходит.

Аль-Мустаасим входит в свой дом, откуда были слышны музыка, песни и женский хохот. Также был слышен громкий голос камердинера, запрещающего вторжение в дом группы юношей.

Один из юношей:

Мы хотим поговорить с начальником службы дворца аль-Шараби.

Камердинер:

Он в доме с халифом.

Поднимается шум среди юношей. В этот момент аль-Шараби выходит из дома халифа.

Аль-Шараби:

Что за шум и крики? Кто вы такие? Что вы хотите?

Один из юношей:

Мы группа мусульманских юношей пришли на встречу с халифом.

Аль-Шараби:

Халиф занят сейчас.

Слышны звуки музыки и хохота женщин.

Один из юношей обращается к Аль-Шараби:

Беда нашего народа заключается в том, что плохо организован выбор халифа, результатом которого является наш настоящий слабый предводитель. Все это было сделано вами и вашим окружением для того, чтобы вы могли управлять делами государства при таком слабом халифе. Более того, вы посадили соплеменников Аббаса в тюрьму и пытали их, потому что они отказывались признавать вашего халифа. Но в конце концов они были вынуждены признать халифа под вашим властей.

Аль-Шараби:

Вон отсюда! Халиф не хочет никого видеть.

Толпа юношей стала возбужденно гудеть и кричать.

Голос халифа из-за кулис:

Аль-Шараби! А кто там у тебя?

Аль-Шараби:

О государь! Это группа хулиганов!

Халиф:

Прогоните их отсюда!

Аль-Шараби прогоняет юношей с помощью солдат.

В этот момент усилились звуки музыки и громкие голоса хохочущих женщин.

Занавес опускается.

Второй Акт

Место действия: крепость Маймуна в городе Бастам на севере Ирана. Внутри крепости находится глава секции Рукнуддин Хоршах. У стен этой крепости разбил лагерь Хулагу. Он очень взволнован и посылает очередного гонца к Рукнуддину.

Хулагу:

Я с ума схожу от этой крепости! Очень трудно покорить её. Долго мы блокируем эту крепость, и все напрасно. Тем более, скоро зима.

Один из окружения Хулагу говорит:

Мой господин! Давайте мы подождем ответа гонца.

Хулагу:

Я посылал много гонцов к Рукнуддину, их было

более восьми, с угрозами, а также с обещаниями доброго отношения к ним, но все равно он отказывается сдаваться. О мои гонцы! Идите к Рукнуддину от моего имени, дайте ему гарантию на его жизнь и жизни окружающих его людей.

Гонцы уходят по приказу своего государя. Хулагу спрашивает своих подчиненных:

Какие новости в других крепостях?

Один из полководцев армии:

Крепости сопротивляются по сей день. Некоторые из них сопротивляются уже около года и мне кажется, что они смогут держаться еще 20 лет.

Хулагу, похлопывая по плечу полководца, говорит:

Не теряйте надежду! Пригласите сюда танцовщиц, принесите вино!

Были немедленно приглашены женщины, принесли вино, слышна громкая музыка. Из-за угла сцены усиливается звук топота танцующих женщин. В этот момент камердинер кричит:

О! мой государь! О! мой государь! Крепость пала! Скоро к вам приведут Рукнуддина Хоршаха!

Хулагу обрадовался этому известию и говорит:

Великолепно! Великолепно!

Хулагу танцует со своей свитой. В этот момент Рукнуддин выходит на сцену в подавленном виде. Хулагу усадил его рядом с собой и сказал придворным:

Приведите сюда монгольскую девушку для Рукнуддина Хоршаха.

Хулагу обращается к Рукнуддину Хоршаху:

Теперь мы хотим, чтобы вы сотрудничали с нами и прекратили кровопролитие.

Рукнуддин Хоршах:

Пожалуйста!

Хулагу:

Я хочу, чтобы вы послали гонцов во все обороняющиеся крепости и убедили их быстрее сдаться.

Рукнуддин Хоршах обращается к своим министрам:

Каждый из вас должен отправиться вместе с дружинами Хулагу и потребовать от моего имени сдаться этим крепостям.

Министры быстро удалились, а в этот момент Хулагу обращается к одному из своей гвардии:

Вы привели монгольскую девушку?

Один из гвардейцев:

Да, мой государь! Она находится внутри дома.

Хулагу обращается к Рукнуддину:

Пожалуйста! Мой дорогой! Желаю вам приятной любовной ночи со своей подругой.

Рукнуддин входит внутрь помещения, а Хулагу удаляется в другом направлении. На сцене постепенно тускнеет освещение, сопровождаемое монгольской музыкой, до полного затемнения.

Потом сцена начинает постепенно освещаться. Рукнуддин сидит в юрте. К нему подходит аль-Джувайни, один из его свиты и здоровается с ним.

Рукнуддин Хоршах:

Ва Алейкум Ассалам Ва Рахматулла Ва Баракату!

Подойди ко мне. Какие новости у тебя?

Аль-Джувайни:

Мой государь! Все крепости сдались! Народ сердится на вас! Вы, мой государь, в опасности!

Рукнуддин Хоршах:

Все эти проделки Туси. Он все время старался соблюдать свои личные интересы. Именно он убедил меня сдаться, а теперь сопровождает моих врагов в Багдад. В этот момент входит Хулагу.

Хулагу:

Добро пожаловать, мой друг! Я надеюсь вы уже провели счастливую ночь со своей монгольской подругой!

Рукнуддин Хоршах:

О мой государь! Прошу вас освободить меня от этой миссии и отправьте меня в Монголию с этой подругой.

Хулагу:

Ладно! Как вам удобно! Вы нам очень помогли завершить миссию мирно. Пожалуйста!

Рукнуддин Хоршах выходит со сцены вместе с аль-Джувайни.

Хулагу обращается к полководцу Тотару:

Полководец Тотар! Пошлите Рукнуддина Хоршаха в Монголию.

Хулагу при этом жестом кисти руки у горла намекает на убийство Рукнуддина. На сцену выходит один из гонцов его свиты с посланием.

Посыльный:

Мой государь! Вот послание от Аббасидского халифа. В нем он отказывается высылать нам в поддержку свои войска для участия в штурме крепостей.

Хулагу:

Ха! Ха! Ха!

Он пританцовывает на сцене.

Хулагу:

Тогда поехали в Багдад проучить его.

В этот момент Хулагу, размахивая своим мечом, выбегает со сцены с криком.

Хулагу:

Багдад! Багдад! Сила – эта истина, и всегда была нашим лозунгом.

На сцене заиграла военная музыка.

Занавес опускается.

Третий Акт

Вид дворца Аббасидского халифа такой же как в первом акте.

Аль-Мустаасим:

О аль-Дувайдар! Какие новости о Хулагу?

Аль-Дувайдар:

Мой государь! Он добрался уже до Хамазана!

Аль-Мустаасим:

Он не ответил на наше послание, адресованное ему?

Ибн аль-Альками:

Конечно, Хулагу уже овладел самыми стойкими крепостями и в нашей помощи не нуждается.

Аль-Дувайдар:

Да! Предательством и изменой удалось взять все эти крепости.

Слышен стук в дверь. Входит камердинер с посланием и говорит:

Письмо от Хулагу!

Аль-Дувайдар взял это письмо. Аль-Мустаасим просит его зачитать.

Аль-Мустаасим:

Читай, аль-Дувайдар!

Аль-Дувайдар читает:

От Хулагу аль-Мустаасиму...

Мы послали к вам наших гонцов в то время, когда мы завоёвывали крепости безбожников. Мы попросили вас в этих посланиях помочь нам военной силой. Несмотря на то, что вы вначале показали себя послушными, но все равно вы не послали нам солдат. Признаком послушания есть выполнение приказов и присоединения к нам против деспотичных правителей. Но увы! Вы это не сделали под разными предлогами. Несмотря на все это, если вы будете в дальнейшем послушны, то мы забудем ваши грехи. Вы должны разрушить все крепости, засыпать все рвы вокруг города Багдада. Передать управление страны в руки вашего сына, а вам всем придется сдаться в плен. В случае невыполнения этих условий вам следует послать своего министра и главнокомандующего к нам с вашим ответом»

Аль-Мустаасим:

Я Аббасидский халиф! И мне какой-то глупец приказывает?! Ибн аль-Альками, напиши ему ответ.

Ибн аль-Альками записывает со слов Аль-Мустаасима ответное письмо.

«Хулагу! Я тебя и твою армию предупреждаю, с гневом Аллаха, обращенного к вам, если вы будете беспокоить сыновей Аббаса (потомков семьи Пророка Мухаммада (Мир и Благословение Аллаха ему), то мы, мусульмане с Востока до Магриба, готовы по моему приказу выступить против монголов под моим руководством...»

Аль-Дувайдар и Ибн аль-Альками с удивлением и недоумением смотрят друг на друга и попросили аль-Мустаасима немного ослабить тон письма.

Аль-Мустаасим:

Напиши!

«...Несмотря на всю мощь исламской силы, поддерживающую меня, я не хочу ее использовать против вас. Хулагу! Я тебе советую послушать голос Мира и возвратиться обратно к себе. Я даю вам выбор. Возвратиться в Хурасан. За тобой мы оставляем все завоеванные тобою земли только по нашему выбору и согласию для того, чтобы присоединить их к государству монголов.»

Аль-Мустаасим смотрит на аль-Альками и спрашивает:

Ты написал? Мы оставим ему все эти оккупированные земли для присоединения к государству монголов. Таким образом, между нами воцарится мир.

Аль-Мустаасим подписывает это письмо, скрепляет его своей печатью, передает Ибн аль-Альками и говорит:

Отправьте это письмо к Хулагу с делегацией и подарками.

Ибн аль-Альками выходит со сцены, а аль-Дувайдар остается с аль-Мустаасимом.

Аль-Дувайдар:

Мой государь, это действительно так?

Аль-Мустаасим:

Все верно. Но не все так сложно. Хулагу не ведает о нашем положении.

Аль-Дувайдар:

Как так?! Первый из них этот, твой министр. Всех, кого он назначил, служат только в его интересах.

Аль-Мустаасим:

Мой министр?! Не могу в это поверить. Ха, ха.

Аль-Дувайдар:

Мой государь! Еще два года назад я просил вас выделить мне фонд для формирования и укрепления армии. Тогда для чего вы держите в своей казне большое количество драгоценностей? Еще тогда я просил вас довести до лидеров мусульманских стран нашу ситуацию для того, чтобы каждое мусульманское государство было ответственно друг перед другом. Но увы! Вы меня не послушали. А наоборот, вы прислушались к Ибн аль-Альками.

На сцену выходит Ибн аль-Альками и говорит:

Мы уже послали делегацию к Хулаге.

Аль-Дувайдар выходит со сцены очень огорченным и рассерженным.

Ибн аль-Альками:

А что с ним случилось?

Аль-Мустаасим:

Не беспокойся. Ты мне подскажи, как остановить наступление Хулагу на нас?

Ибн аль-Альками:

Мой государь! Нам обязательно придется платить нашему врагу деньги.

Аль-Мустаасим:

Как?! Вы тоже предлагается все то, что предлагал Аль-Дувайдар?!

Ибн аль-Альками:

А что предлагает Аль-Дувайдар?

Аль-Мустаасим:

Тратить деньги на укрепление армии.

Ибн аль-Альками смеется и говорит:

Когда души умирают, с ними исчезают и деньги!

Мой государь! У монголов очень великая сила. Мы не сможем сопротивляться им. У них очень опасное оружие.

Аль-Мустаасим:

Какое оружие?

Ибн аль-Альками:

Эта катапульта. И еще у них огненные стрелы. У них на службе в армии находятся китайские военные специалисты, которые держат все под контролем.

Аль-Мустаасим:

Тогда нам что делать!??

Ибн аль-Альками вытащил из кармана бумагу и стал читать.

Ибн аль-Альками:

Мой государь! Все богатство и казна, которые находятся в вашей собственности, должны были сохранены для подобного дня. Все это богатство защитит нас от зла, защитит нашу честь и репутацию.

В этой связи мы должны приготовить:

тысячу хурджинов (мешки) с драгоценностями;

тысячу благородных верблюдов;

тысячу чистокровных арабских скакунов с полной военной комплектацией.

Наряду с этим нужно извиниться перед Хулагу, а во всех мечетях проводить разъяснительные лекции, посвященные Хулагу. Также вычеканить специальные монеты с изображением Хулагу.

Аль-Мустаасим:

Это великолепно! Это великолепно!

Я согласен с вашим правильным предложением. Пусть быстро приготовят эти вещи и отправят Хулагу.

В это момент на сцене появляется возмущенный аль-Дувайдар и язвительно высказал.

Альдувайдар:

О Аллах! О Аллах! Вы сделали свое черное дело, Ибн аль-Альками!

Ибн аль-Альками:

А что ты имеешь в виду?

Аль-Дувайдар:

Заговор! Вы предатель! У тебя в этом деле личные интересы! Таким образом ты хочешь приблизиться к Хулагу.

Ибн аль-Альками:

Мой государь! Я такое обвинение на себя не принимаю.

Аль-Дувайдар:

Клянусь Аллахом! Я лично сам со своими соратниками конфискую эти подарки и драгоценности, арестую всех, кто участвовал в этой экспедиции.

Аль-Мустаасим успокаивает Аль-Дувайдара.

Аль-Мустаасим:

Ладно! Ладно! Как вы хотите?

Я ограничусь посылкой гонцов с небольшими подарками.

Аль-Дувайдар:

А что сделал этот подлец? Он же постоянно участвует в ваших переговорах с Хулагу с какой-то целью.

Ибн аль-Альками:

Пока ты не вышел! Подожди! Что за выходки у тебя?

Вы посылали войска в Карх. Ваши солдаты убивали, грабили мирных жителей. И это в наше тяжелое время. Если вы такие смелые против мирных граждан, то проявите эту смелость против монголов.

Ибн аль-Альками обращается к аль-Мустаасиму.

Ибн аль-Альками:

Мой государь! Даже ваш сын участвовал в этом гнусном деле.

Аль-Мустаасим:

Вон отсюда! Оставьте меня одного!

Аль-Дувайдар и Ибн аль-Альками быстро покидают сцену.

Альмустаасим:

О Аллах! О Аллах! Я нахожусь в неведении между аль-Дувайдаром и аль-Альками.

Аль-Мустаасим в расстроенном состоянии. Освещение на сцене постепенно угасает до полного мрака.

Голос за кулисами:

А дни проходят....

Через некоторое время сцена постепенно освещается.

Аль-Мустаасим сидит у себя в гостином дворе. С ним Ибн аль-Альками. Входит аль-Дувайдар вместе с Альдаратником. Они втаскивают сундук с подарками на сцену.

Аль-Дувайдар:

Вот, возьмите ваши подарки и деньги!

Аль-Мустаасим:

А что с вами, Альдаратник!

Альдаратник:

О мой государь! Меня выгнали! Хулагу вручил мне послание, в котором он говорит, что, если вы хотите быть губернатором на стороне монголов, то вы должны сами прийти к нему. В противном случае вам надлежит в срочном порядке послать к нему министра аль-Альками и главнокомандующего вашими войсками аль-Дувайдара вместе с заместителем Сулейман-шахом.

Ибн аль-Альками:

Великолепно! Мы все пойдем!

Аль-Мустаасим:

Я согласен с тем, чтобы нам всем поехать к нему.

Аль-Дувайдар обращается к халифу.

Аль-Дувайдар:

А кто будет возглавлять вашу армию и защищать Багдад? Ясно, что Хулагу хочет нас заманить в ловушку и убить, а армию оставить без командования.

Аль-Мустаасим:

Да! Правильно!

В этот момент входит камердинер и объявляет.

Камердинер:

Мой государь! Армия Хулагу окружила Багдад!

Аль-Мустаасим говорит аль-Дувайдару:

Нет Мощи и Силы ни у кого, кроме Аллаха, Могучего, Мудрого!

Нет Мощи и Силы ни у кого, кроме Аллаха, Могучего, Мудрого!

Скажите мне, что мне делать?!

Аль-Дувайдар показывает пальцем на Ибн аль-Альками.

Аль-Дувайдар:

Он поедет к Хулагу! А мы с Сулейман-шахом останемся с вами!

Аль-Мустаасим говорит Ибн аль-Альками:

Очень хорошо! Очень хорошо!

Скажи Хулагу, что я исполнил все, что он просил!

Попроси Хулагу, чтобы он оставил при мне Сулейман-шаха и аль-Дувайдара! Иди!

Ибн аль-Альками выходит со сцены. Аль-Дувайдар просит разрешения обратиться к халифу и говорит:

Разрешите привести в порядок вооруженные силы для защиты Багдада!

Аль-Дувайдар выходит со сцены, а аль-Мустаасим проходит на авансцену и говорит:

Ни один человек не сможет выскользнуть из этой блокады Багдада!

На сцену выходит сын аль-Мустаасима, Абу аль-Аббас.

Абу аль-Аббас:

Ассаламу алейкум, мой отец!

Аль-Мустаасим:

Ва алейкум ассалам, мой сыночек!

Абу аль-Аббас:

Я узнал, что вы командировали Ибн аль-Альками к Хулагу.

Аль-Мустаасим:

Да! Мой сынок!

Абу аль-Аббас:

Но Ибн аль-Альками до сих пор в Багдаде, а монгольские войска уже у стен городской крепости!

Аль-Мустаасим:

Вот теперь я начал сомневаться в Ибн аль-Альками.

Абу аль-Аббас:

А какая польза от вашего сомнения? Я много раз предупреждал вас об Ибн аль-Альками.

Аль-Мустаасим:

Мой сын! Возьми подарки и вместе с уважаемыми членами нашего государства, а также вместе с аль-Альками, идите к Хулагу.

Абу аль-Аббас:

Опять же Ибн аль-Альками?!

Абу аль-Аббас выходит, а аль-Мустаасим остается на сцене расстроенным. Потом проходит на авансцену. Из-за кулис слышны грохот и стрельба военных действий. Какой-то голос говорит.

Голос:

Крепость аль-Аджми захвачена монголами!

Речь сопровождается грохотом и стрельбой военных действий.

Голос:

Разрушена восточная стена крепости!

Речь сопровождается грохотом и стрельбой военных действий.

Голос:

Монголы вошли в Багдад!

Речь сопровождается грохотом и стрельбой военных действий.

Голос:

Аль-Дувайдар убит! Аль-Дувайдар убит!

Речь сопровождается грохотом и стрельбой военных действий.

Голос:

Группа мусульманской молодежи одетых в кафа-ны (кафан – это кусок белой ткани, в которую заворачиваются мусульмане, становясь шахидами) погибли на мосту.

Аль-Мустаасим:

Ах! Почему я не прислушался к этим ребятам? Я хотел бы прислушаться к ним. Но увы! В то время я был увлечен женщинами.

Речь сопровождается грохотом и стрельбой военных действий.

Аль-Мустаасим:

Я сдаюсь и подчиняюсь... Камердинер и начальник службы дворца, подождите!

На сцену выходят камердинер и начальник службы дворца. Аль-Мустаасим дает им мешки с деньгами и говорит:

Отнесите эти деньги Хулагу!

Камердинер и начальник службы дворца выходят со сцены.

Слышны грохот и стрельба военных действий.

На сцене появляется хохочущий Хулагу.

Хулагу:

О халиф! Как вы могли меня попросить вернуться обратно после всего пройденного мною пути?

Как я мог бы вернуться не навестив тебя? Конечно, мы должны были встретиться и поговорить прежде, чем вернуться обратно. Ха! Ха! Ха! Ха!

О халиф! Неужели вы не знали, что Аллах избрал Чингизхана для управлением всего Мира, дал такое право не только ему, но и его наследникам по всему Свету с Востока на Запад.

Всех, кто будет слушаться нас, слушаться сердцем и языком, те будут счастливыми на этом свете. А кто будет противиться, того ждет адская жизнь.

О халиф! Что это за большие ящики?

Аль-Мустаасим:

Это все было приготовлено для вас, о мой Король!

Хулагу:

Нет, этого не хватит!

Аль-Мустаасим:

У меня больше нет ничего!

Хулагу:

А как насчет золота, спрятанного под землей в вашем дворце?

Аль-Мустаасим:

Да! Да! Это также в вашем распоряжении!

Хулагу:

Идите и покажите солдатам ваш тайник с золотом.

Халиф выходит с солдатами, а Хулагу хохочет, ему открывают один за другим сундуки с драгоценностями. В этот момент на сцене появляется аль-Мустаасим с солдатами.

Один из солдат:

Мой государь! Весь двор забит золотом!

Хулагу повернулся к аль-Мустаасиму и говорит:

Для какого случая вы собрали столько золота? Ведь ты должен был все это потратить на укрепление свой армии, для защиты своего трона. О солдаты! Взять его! Снимите с лица кожу и принеси ко мне!

Халифа сразу размяк от страха и стал что-то бормотать. Потом заговорил.

Альмустаасим:

Хочу сделать омовение. Хочу помолиться.

Хочу сделать омовение. Хочу помолиться.

Хулагу:

Взять его!

Солдаты насильно поволокли халифа по земле за кулисы. Слышны были его крики, потом стало тихо.

На сцену выходит солдат и говорит.

Один из солдат:

О мой государь! Он умер до того, как с него намеревались снять лицевую кожу.

Хулагу:

Снять кожу с умершего халифа и принести мне! Позовите Ибн аль-Альками ко мне.

Ибн аль-Альками выходит на сцену важной походкой.

Хулагу:

Входи, пожалуйста, наш друг!

Хулагу усадил его рядом с собой.

Хулагу:

Послушай! Ты нам служил много лет. Ты был нашим невидимым глазом в делах халифа. Твои волшебные слова действовали на халифа безотказно во всех делах. Теперь мы хотим наградить тебя.

Назначаю тебя управляющим делами министерства и делами Багдада.

Хулагу внимательно смотрит в глаза Ибн аль-Алькми и говорит.

Хулагу:

Ты к этому стремился?

Ибн аль-Алькми:

Да! Мой государь! Но...

Хулагу прерывает его речь.

Хулагу:

Не надо возражать и будь ответственен. Ты будешь подчиняться во всех делах этому монгольскому принцу и советоваться с ним.

Хулагу представил ему молодого монгольского принца. Ибн аль-Алькми удивленно воскликнул.

Ибн аль-Алькми:

Этот!?

Хулагу:

Да! Этот! А я буду продолжать завоевывать

мусульманские страны огнем и мечом. На Шам! (один из древнейших районов Восточного Средиземноморья).

Хулагу показывает пальцем на Ибн аль-Альками и говорит.

Хулагу:

На войну вперед! Сила - это истина и наш постоянный боевой лозунг.

Занавес опускается

Четвертый Акт

Ибн аль-Альками сидит в кресле своего министерства. С ним разные вельможи. За кулисами слышан голос.

Голос:

И проходят дни...

Один вельможа:

О Ибн аль-Альками! Ты раскопал могилы халифов, разбросал их кости!

Ты сжег много городов и деревень! Ты обесчестил многих женщин! Ты разорил библиотеки Багдада, выбрасывая книги в реку, делая из них мосты для прохождения войск. Ты должен вмешаться, о аль-Альками!

В этот момент выходит на сцену разъяренный и злой Хулагу.

Хулагу:

Здравствуй, дорогой министр! Есть ли новости в Багдаде?

Ибн аль-Альками:

Добро пожаловать, наш великий! Добро пожаловать, наш великий!

Мой государь! Все жители Багдада очень рады вам!

Все они ждут с нетерпением встречи с вами. Даже те, которые выступали против монголов хотят просить прощения.

Хулагу:

Да! Прощения по стилю Султана Иззеддина.

Ибн аль-Альками:

А что за стиль Султана Иззеддина?

Хулагу:

Султан Иззеддин - это Король Рима, который оказал сопротивление одному нашему полководцу. Вместо приветствия нам, было оказано сопротивление. Поэтому я был очень сердит на него. Несколько дней назад пришел Султан Иззеддин к границе с Тебризом. Узнав о нашей победе в Багдаде, стал извиняться очень странной манерой. Он нарисовал свое лицо на подметке своего сапога и вручил его мне.

Хулагу снял с себя сапог и, показав публике этот рисунок и сказал:

Султан Изеддин сказал, что это его изображение под вашим сапогом. Прошу простить меня и дайте возможность гордиться вами.

О Ибн аль-Альками! Ты не хочешь, чтобы я простил его. Но я его простил!

Ибн аль-Альками:

О государь! Люди стали жаловаться на монголов. Они стали беспредельничать, жестоко обращаясь с жителями. Мой государь! Их надо проучить!

Хулагу:

Ты и Туси похожи друг на друга во многих вещах, даже в логике. Туси мне сказал то же самое, когда мы были в Тебризе. Я ему сказал, что мы являемся оккупационными силами. В подобных ситуациях не смотрят на положение местных жителей. После того, как мы завершим оккупацию и захват всех земель, тогда сможем прислушиваться к жалобам людей.

Я пришел попрощаться с тобой. Я возвращаюсь в страну монголов. До свидания, мой дорогой друг!

Ибн аль-Альками:

До свидания, мой господин!

Хулагу выходит на авансцену и показывает пальцем на монгольского принца и сказал.

Хулагу:

Сотрудничайте с монгольским принцем. Ха! Ха! Сила - это истина и наш постоянный лозунг.

Хулагу выходит со сцены вместе с молодым монгольским принцем.

Один из вельмож:

Почему ты не сообщил ему о ситуации в Багдаде?

Ибн аль-Альками:

Ты сам услышал ответ.

Один из вельмож:

Несмотря на все это, ты сказал, что люди в Багдаде счастливые!

Нет Мощи и Силы ни у кого, кроме Аллаха, Могучего, Мудрого!

Вельможи выходят из его гостиной. Освещение на сцене постепенно гаснет и слышен голос из-за кулис.

Голос:

И проходят дни...

На сцене постепенно появляется освещение.

Ибн аль-Альками в гостиной. С ним несколько вельмож. Слышен звук азана (мусульманский призыв к молитве). В этот момент монгольский принц выходит на сцену.

Монгольский принц:

Ибн аль-Альками! Остановите этот звук!

Ибн аль-Альками:

Мой государь! Это звук азана!

Монгольский принц:

Это не азан, а шум. Принц приказывает своим помощникам остановить этот звук. Монгольский принц наступает на бедро Ибна аль-Альками в тот момент, когда он хотел встать, и сказал.

Монгольский принц:

Не надо вставать! Я пришел сообщить тебе известие о том, что наши войска уничтожили 40 000 граждан города Альхилля и они сейчас на пути на Басру.

Монгольский принц выходит со сцены, а Ибн аль-Альками покачивает головой.

Ибн аль-Альками:

Судьба распоряжается по-своему, вопреки моим желаниям.

Один из вельмож говорит.

Один из вельмож:

Успокойся! Успокойся! Наш министр!

Ибн аль-Альками:

Мне становится противно от поведения этих монгольских сволочей.

Один из вельмож:

Я вам прочту один из аятов Корана.

«Разве не поминанием Аллаха утешаются сердца?» (Сура 13, аят 28.)

Монгольский принц выходит на сцену с криком.

Монгольский принц:

Что это такое, Ибн аль-Альками?

Ибн аль-Альками:

Это Коран.

Монгольский принц:

Не хочу слышать Коран. Он захватывает мой

разум. Обязательно необходимо поменять аяты о безбожниках и кафирах. А также многие аяты надо вычеркнуть из Корана. Я пришел сюда для важного сообщения о том, что дошли до Басры и оккупировали все земли. Да! Конечно, много людей погибло. Но это не важно!

Монгольский принц сильно ударил ногой Ибн аль-Альками, от которого он упал замертво. Монгольский принц приказал солдатам выбросить его тело.

Монгольский принц:

Выбросьте его! Я приведу другого министра!

Монгольский принц выходит со сцены. Освещение постепенно гасится и голос из-за кулис говорит.

Голос:

И проходят дни...

На сцене постепенно появляется освещение.

Принц выходит на сцену и с ним молодой человек. Он посадил его на кресло Ибн аль-Альками и сказал.

Монгольский принц:

Ты сейчас стал министром.

Министр:

Мой государь! Слушаюсь и повинуюсь!

Монгольский принц выходит со сцены с солдатами. На сцену выходит один мужчина и говорит.

Мужчина:

Я один из граждан Багдада! Бывший министр по- ступил со мной очень несправедливо. А теперь Аллах отомстил ему за меня.

Достаточно мне Аллаха, Он - прекрасный Покровитель!

Мужчина подошел к новому министру и спросил.

Мужчина:

Как вас зовут, наш министр?

Министр:

Ибн аль-Альками.

Мужчина:

Ибн аль-Альками умер!

Министр:

Я сын Ибн аль-Альками.

Мужчина закричал в лицо министра и говорит.

Багдадский Мужчина:

Сын Ибн аль-Алькками?! Еще раз символ предательства!

Мужчина повернулся в сторону публики и говорит.

Багдадский Мужчина:

А кто знает? Может быть он сейчас находится среди вас?

Багдадский мужчина спускается в зал к публике и говорит.

Багдадский Мужчина:

О арабы! О мусульмане! Гоните Ибн аль-Алькками с ваших земель, так как Хулагу может возвратиться!

Гоните Ибн аль-Алькками как символ предательства!

Гоните Ибн аль-Алькками как символ предательства!

Поднявшись на сцену с зала к публике, повторяет тоже самое.

Багдадский Мужчина:

Гоните Ибн аль-Алькками как символ предательства!

Гоните Ибн аль-Алькaми как символ предательства!

Мужчина проходит между рядами зрителей как бы в поиске Ибн аль-Алькaми и громко говорит.

Багдадский Мужчина:

Гоните Ибн аль-Алькaми как символ предательства!

Гоните Ибн аль-Алькaми как символ предательства!

Багдадский мужчина повторяет эти слова и направляется к выходу зала. В этот момент занавес опускается.

Конец

Историческая Справка

Чингиз-Хан (1162-1227г).

В 1215 г великий монгольский полководец Чингиз-Хан взял Пекин и, как властелин Китая, двинулся на запад расширять торговые пути. После двух неудавшихся походов в I220 г, Чингиз- Хан покоряет иранскую империю Хорасан, находящуюся под управлением династии Хорезм-шаха (11-13 века), и включающего обширную территорию, которая простиралась от Китайского Туркестана на востоке к границам Ирака на западе. Бухара, Самарканд, Герат и другие города были полностью разрушены, а население уничтожено.

Хулагу (1217-1265).

Второе монгольское нашествие началось с Хулагу, внука Чингиз-Хана. Вместе со своим братом Мангу, наследником великой монгольской империи, он выступил в 1253 году со 130 тысячной армией на Иран. Хулагу разгромил их последнее сопротивление к концу 1256 года, когда он разрушил крепость Ассасинов, Аламут. Ассасины (секта Исмаилитов) были продуктом раздора династии Фатимидов, которые руководили движением Шиитов Исмаилитов, и настроили соперничащий халифат в Египте против Аббасидов в Багдаде. После смерти халифа Фатимидов Аль Мустаасима (1094), Хасан Саббах, лидер Ассасинов, и другие Исмаилиты в Иране отказались признавать нового халифа Фатимидов в Каире и заверили свою верность свергнутому старшему брату Низару. Таким образом, выросла секта Низарийских Исмаилитов, которые не ладили с Фатимидскими халифами в Каире и были также очень враждебны к Аббасидам. В 1090 году Хасан и его последователи захватили крепость на холме Аламут около Казвина в Иране. В последующие 150 лет Ассасинские лидеры командовали из этой цитадели сетью пропагандистов в Иране, Ираке, а более позднее в Сирии, корпусами преданных самоубийц и бесчисленным числом агентов. Вскоре жертвами Ассасинов стали многие генералы и государственные деятели Аббасидского халифата, включая двух халифов. Однако власть Ассасинов вскоре закончилась, поскольку монголы при Хулагу стали захватывать Ассасинские крепости один за другим, а в 1256 году пала их главная цитадель Аламут. Хулагу захватил весь Иран и сделал это его своей базой. Он основал Вторую Ханидскую династию (1256-1339), затем атаковал Аббасидский халифат (750-1258). В 1258 году Хулагу взял в осаду Багдад, где разделенные советы помешали спасению города. Аль Мустаасим (1242-1258), последний халиф Аббасидского Багдада, не представил никакой сильной защиты против монгольского завоевателя. Он проигнорировал несколько требований Хулагу и ответил на другие с неистовством и пустыми угрозами. Когда Хулагу вошел в Багдад, халиф и его 300 чиновников поторопились сдаться в плен, но были все казнены. Багдад был в значительной степени разрушен, а тысячи его жителей были убиты. После этого Багдад стал провинциальной столицей Второй Ханидской династии. Хулагу надеялся расширить Монгольскую Империю до Средиземноморья. В 1259 году монгольская армия двинулась на Сирию, взяла Алеппо и Дамаск, и достигла берега Средиземного моря. Тогда монголы, в 1260 году послали посланника в Каир, чтобы потребовать подчинения султана Мамлюков, ответом которых была казнь посланника. Монгольская армия была заманена в западню в Айне Джалут, в Палестине, войсками Мамлюков и полностью была разгромлена. После поражения от Мамлюков монголы были изгнаны из Сирии. Хулагу был неспособен к ответным мерам, поскольку был озабочен внутренней борьбой за власть. Таким образом, Хулагу возвратился в Иран. Вторая Ханидская династия воссоединила Иран как политический и территориальный объект. Это сделало Азербайджан его центром и установило Тебриз как столицу до тех пор, пока не был построен в начале 14 века город Султания. Вскоре после этого власти Второй Ханидской династии пришел конец.

www.ingramcontent.com/pod-product-compliance
Ingram Content Group UK Ltd.
Pitfield, Milton Keynes, MK11 3LW, UK
UKHW021958190726
13853UKWH00004B/1597

9 789948 406396